CW01651225

BBC

# ENGLISH GO!

## CURSO INTERACTIVO MULTIMEDIA

1 LIBRO

**Producción audiovisual** © Daniel Mallo Productions – British Broadcasting Corporation.

World rights reserved. The BBC and the BBC logo are trademarks of the British Broadcasting Corporation and are used under licence.

**Guiones y producción ejecutiva:** Joe Hambrook

**Producción audio:** Martin Williamson

**Post-producción video:** Zeev Epraim / Ivonne Hewett

**Producción CD-ROM** © Daniel Mallo Productions under license of the British Broadcasting Corporation

**Producción Software:** Digixl

**Producción gráfica** © Daniel Mallo Productions under licence of the British Broadcasting Corporation.

**Textos originales:** Ken Singleton

**Versión española:** Elena Lorenzo

**Diseño y maquetación:** Seshat, *Producción gráfica y visual*

**Edición gráfica:** Seshat, *Producción gráfica y visual*

**Fotografía:** Photononstop, Graphicobsession y Depositphotos

**Ilustración**: Gonzalo Izquierdo

Depósito legal: M-38579-2012

Impreso en España

BBC

ENGLISH GO!

CURSO INTERACTIVO MULTIMEDIA

# CÓMO UTILIZAR EL CURSO

**El curso BBC English Go! Interactivo Multimedia consta de 30 unidades didácticas distribuidas en 15 libros con 2 unidades en cada uno, 1 DVD y 3 CD-ROM con 10 unidades en cada uno.**

## LIBROS

Cada libro contiene dos unidades con las siguientes secciones.

- El índice de las explicaciones gramaticales.
- Los diálogos completos en inglés de los actores que interpretan las escenas de los videos y su versión paralela en castellano.
- Las explicaciones gramaticales que necesitas para responder correctamente a los ejercicios.
- Ejercicios para practicar tu inglés escrito
- Las respuestas de los ejercicios.

## DVD

El DVD contiene los videos de cada una de las 30 unidades, realizado por actores nativos que interpretan situaciones en la vida real. Tiene la posibilidad de subtitularlo en inglés, en castellano o sin subtítulos.

## CD-ROM

### Menú Principal

El curso completo se divide en 3 niveles de estudio con un total de 30 unidades didácticas.

Nivel 1: de la unidad 1 a la 10.

Nivel 2: de la unidad 11 a la 20.

Nivel 3: de la unidad 21 a la 30.

## Menú Unidad

Una vez abierta la unidad encontrarás las siguientes opciones:

- Lecciones en Video
- Ejercicios Interactivos
- Lecciones en Audio MP3
- Tests
- Vocabulario

### Lecciones en Video

Cada unidad contiene un promedio de 4 lecciones en video a cargo de un profesor en castellano que explica paso a paso el lenguaje utilizado por actores nativos de habla inglesa que interpretan entretenidas situaciones de la vida real.

Al terminar las lecciones estarás en condiciones de entender todos los diálogos de los actores en la revisión de cada unidad (R), que podrás seguir con subtítulos en inglés, en castellano o sin subtítulos.

### Ejercicios Interactivos

Esta es una parte fundamental del curso ya que en ella podrás practicar tanto el idioma escrito como el hablado. En cada ejercicio encontrarás una pregunta que deberás escribir o seleccionar.

Si en un determinado ejercicio no sabes contestar o tu respuesta es incorrecta, el Programa te indicará el error que hayas cometido y el número de la lección y de la unidad que deberás consultar en el libro. Si el error es ortográfico, el Programa lo señalará en gris pero considerará que la respuesta ha sido correcta.

Haciendo clic en los iconos de audio podrás escuchar la pronunciación correcta de la respuesta, grabar tu propia voz y comparar tu pronunciación.

### Lecciones en Audio MP3

Con estas lecciones, que podrás descargar en tu reproductor MP3, practicarás tu comprensión del idioma oral. La primera parte contiene las mismas lecciones del profesor de los videos. La segunda incluye ejercicios de "Listen & Repeat" (Escuchar y Repetir) para que puedas practicar tu pronunciación.

### Tests

En esta sección encontrarás un Test de Autoevaluación. Al final del test, el Programa te aconsejará si puedes avanzar a la siguiente unidad, repasar algunas lecciones o si debes repetir la unidad completa.

Cada respuesta deberá ser revisada antes de darla por buena, ya que solo dispones de un intento. Por tratarse de un examen, solo podrás ver tus resultados (no las respuestas correctas) al finalizar el Test.

## Vocabulario

Permite consultar cualquiera de las más de 2.000 palabras que se utilizan en el curso, tanto en inglés como en castellano. Incluye las funciones de audio para Escuchar, Grabar y Comparar tu pronunciación con la correcta. La función de Vocabulario se puede consultar también desde los Ejercicios Interactivos haciendo clic en el icono Vocabulario.

## Índice

En este apartado podrás ver el índice de las 30 unidades que componen el curso.

## Resultados

Contiene los resultados de todos los Tests de Autoevaluación ordenados por fecha de realización.

## Iconos

Ir al Menú Principal

Ir al Menú de la Unidad

Ir al Vocabulario.

Consultar el número de la lección y de la unidad del libro donde encontrarás la explicación gramatical que necesitas para responder correctamente el ejercicio.

Validar la respuesta.

Retroceder a la pregunta anterior del mismo grupo de ejercicios.

Pasar a la pregunta siguiente del mismo grupo de ejercicios.

Retroceder al anterior grupo de ejercicios.

Pasar al siguiente grupo de ejercicios.

Escuchar las palabras del Vocabulario o las respuestas de los ejercicios en las voces de nativos ingleses o americanos.

Grabar tu propia voz.

Comparar tu pronunciación con la correcta.

Ver los resultados de los Tests

# UNIDADES DEL CURSO

Unidades **01** a **30**

Libro 1

## Unit 01 What's your name?

### *¿Cómo te llamas?*

**01** Cómo saludar y despedirse a distintas horas del día
**02** Formas de dirigirse a la gente
**03** Cómo presentarse
**04** Pronombres personales sujeto - singular
**05** El verbo '**be**' - presente singular, forma afirmativa
**06** El verbo '**be**' - presente singular, forma negativa
**07** El verbo '**be**' - presente singular, forma interrogativa
**08** El verbo '**be**' - resumen del presente singular
**09** Adjetivos posesivos - singular
**10** 'Respuestas cortas' con el verbo '**be**'
**11** '**Excuse me**' y '**sorry**'
**12** Buena educación - '**please**' y '**thank you**'
**13** Los números del 0 al 10
**14** Cómo se dicen los números de teléfono
**15** Cómo presentarse por teléfono
**16** Contracciones con el verbo '**be**' - resumen

## Unit 02 How are you?

### *¿Qué tal estás?*

**01** Cómo saludar
**02** Formas de dirigirse a la gente - revisión
**03** Cómo presentar a otras personas
**04** Cómo enterarse del nombre de una persona
**05** '**This**' y '**that**'
**06** La palabra '**it**'

Libro 2

## Unit 03 Can you help me?
### *¿Puedes ayudarme?*



## Unit 04 Left, right, straight ahead
### *A la izquierda, a la derecha, derecho*

Libro 3

## Unit 05 Where are they?
### *¿Dónde están?*

**01** Cómo enterarse de dónde está una persona
**02** La preposición '**in**'
**03** La preposición '**at**'
**04** Cómo decir que alguien está en casa de otro - el genitivo sajón ('s)
**05** Algunos sustantivos se utilizan sin los artículos '**a/an**' o '**the**'
**06** El verbo '**be**' - revisión del presente singular
**07** Pronombres personales sujeto - plural
**08** El verbo '**be**' - presente plural
**09** Cómo expresar dónde ha ido alguien
**10** Cómo se unen expresiones con la palabra '**or**'
**11** Adjetivos posesivos - singular y plural
**12** 'Respuestas cortas' con el verbo '**be**' - resumen
**13** Contracciones con '**is/are**' y '**has**' - resumen

## Unit 06 What's the time?
### *¿Qué hora es?*

**01** Los números del 11 al 50
**02** Cómo decir qué hora es
**03** Expresiones alternativas para decir la hora
**04** Horarios oficiales
**05** Los días de la semana
**06** Las preposiciones '**on**', '**at**', '**in**' - resumen
**07** El pronombre personal '**it**'
**08** '**Open**' y '**closed**'
**09** Introducción al verbo auxiliar '**do**'
**10** Llegadas y salidas
**11** Cómo tomar un tren

Libro 4

## Unit 07 What's this? What's that?
### *¿Qué es esto? ¿Qué es eso?*

**01** El plural de los sustantivos
**02** Sustantivos contables e incontables

Libro 11

## Unit 21 Welcome to Britain
### *Bienvenido a Gran Bretaña*



## Unit 22 Who's that?
### *¿Quién es?*



Libro 12

## Unit 23 What would you like to do?
### *¿Qué te gustaría hacer?*

Libro 15

# ÍNDICE

Unit **01**

# What's your name?

## *¿Cómo te llamas?*

# DIÁLOGOS

DVD

Diálogos también disponibles en el DVD de esta unidad

## English

### Greetings

**Presenter:** Hello. I'm Francis Matthews. My name is Francis Matthews. Look! Fran-cis Mat-thews.

**Keith:** I'm Keith.

**Jane:** I'm Jane.

**Diane:** I'm Diane.

**Raymond:** I'm Raymond.

**Diana:** I'm Diana. My name's Diana.

**Presenter:** And my name's Francis Matthews. Hello.

**Young woman:** Hello.

**Young man:** Hello.

**Presenter:** Good morning.

**Older woman:** Good morning.

**Older man:** Good morning.

**Presenter:** Good afternoon.

**Man:** Good afternoon.

**Couple:** Good afternoon.

**Presenter:** Good evening.

**Young woman:** Good evening.

**Young man:** Good evening.

**Presenter:** Look!

## Castellano

### Saludos

**Presentador:** Hola. Soy Francis Matthews. Me llamo Francis Matthews. ¡Mire! Fran-cis Mat-thews.

**Keith:** Soy Keith.

**Jane:** Soy Jane.

**Diane:** Soy Diane.

**Raymond:** Soy Raymond.

**Diana:** Soy Diana. Me llamo Diana.

**Presentador:** Y yo me llamo Francis Matthews. Hola.

**Mujer joven:** Hola.

**Hombre joven:** Hola.

**Presentador:** Buenos días.

**Mujer mayor:** Buenos días.

**Hombre mayor:** Buenos días.

**Presentador:** Buenas tardes.

**Hombre:** Buenas tardes.

**Pareja:** Buenas tardes.

**Presentador:** Buenas noches.

**Mujer joven:** Buenas noches.

**Hombre joven:** Buenas noches.

**Presentador:** ¡Mire!

## Airport

**Sam:** Good morning. I'm Sam Smith. Sam Smith.

**Man:** Ah! good morning, Mr Smith. Follow me, please.

## Office

**Sam:** Good afternoon.

**Receptionist:** Good afternoon. What's your name, please?

**Sam:** Smith. My name's Smith.

**Receptionist:** Ah, yes. Mr Sam Smith. (on phone) Mr Smith to see Mr Jenkins.

## Hotel

**Hotel clerk:** Good evening, sir. What's your name, please?

**Sam:** My name's Smith.

**Hotel clerk:** Thank you, Mr Smith.

**Sam:** What's your name?

**Hotel clerk:** Jane. My name's Jane. (she hands over room key) Thank you, Mr Smith.

## Aeropuerto

**Sam:** Buenos días. Soy Sam Smith. Sam Smith.

**Hombre:** ¡Ah! Buenos días, Sr. Smith. Sígame, por favor.

## Oficina

**Sam:** Buenas tardes.

**Recepcionista:** Buenas tardes. ¿Cómo se llama, por favor?

**Sam:** Smith. Me llamo Smith.

**Recepcionista:** Ah, sí. El Sr. Sam Smith. (por teléfono) El Sr. Smith para ver al Sr. Jenkins.

## Hotel

**Recepcionista:** Buenas noches, señor. ¿Cómo se llama, por favor?

**Sam:** Me llamo Smith.

**Recepcionista:** Gracias, Sr. Smith.

**Sam:** ¿Cómo se llama?

**Recepcionista:** Jane. Me llamo Jane. (le da la llave de la habitación) Gracias, Sr. Smith.

## Giant and midget woman

**Midget woman:** Please! Please!
(giant lets her pass) Thank you! Thank you!

Man outside lavatory

**Man:** Please! Please! (midget woman comes out) Thank you! Thank you!
(man goes in)

## Party

**Mary:** Good evening.

**Presenter:** Excuse me. Are you Mary Brown?

**Mary:** Yes. I'm Mary Brown. Are you Sam Smith?

**Presenter:** No, I'm not. I'm not Sam Smith. I'm Francis Matthews.

**Mary:** Oh! Sorry, Francis. Come in.

**Sam:** Hello! I'm Sam Smith.

**Mary:** Hello, Sam. Come in.

**Sam:** (to hotel clerk) Ah! You're Jane.

**Hotel clerk:** Yes, I am. I'm Jane Black. And you're Sam Smith.

**Sam:** Yes, I am. I'm Sam Smith. Sam.

**Hotel clerk:** Hello, Francis.

**Presenter:** Hello, Jane.
(to Sam) Excuse me.

**Hotel clerk:** Excuse me, Mr Smith.

## Gigante y mujer enana

**Mujer enana:** ¡Por favor! ¡Por favor!
(el gigante le deja pasar) ¡Gracias! ¡Gracias!

Hombre en la puerta del cuarto de baño

**Hombre:** ¡Por favor! ¡Por favor! (la mujer enana sale) ¡Gracias! ¡Gracias! (el hombre entra)

## Fiesta

**Mary:** Buenas noches.

**Presentador:** Disculpe. ¿Es Vd. Mary Brown?

**Mary:** Sí. Soy Mary Brown. ¿Es Vd. Sam Smith?

**Presentador:** No. No soy Sam Smith. Soy Francis Matthews.

**Mary:** ¡Oh! Perdón, Francis. Pase.

**Sam:** ¡Hola! Soy Sam Smith.

**Mary:** Hola, Sam. Pase.

**Sam:** (a la recepcionista) ¡Ah! Vd. es Jane.

**Recepcionista:** Sí, soy yo. Soy Jane Black. Y Vd. es Sam Smith.

**Sam:** Sí, soy yo. Soy Sam Smith. Sam.

**Recepcionista:** Hola, Francis.

**Presentador:** Hola, Jane.
(a Sam) Perdone.

**Recepcionista:** Perdone, Sr. Smith.

## Telephone conversation

**Presenter:** 01 - 415 - 3027

**Woman:** Hello.

**Presenter:** Hello. Is that 01 - 415 - 3027?

**Woman:** No. This is 01 - 415 - 3047.

**Presenter:** Sorry.

## Office

**Presenter:** Thank you.
Goodbye.

## Conversación telefónica

**Presentador:** 01 - 415 - 3027.

**Mujer:** Hola.

**Presentador:** Hola. ¿Es el 01 - 415 - 3027?

**Mujer:** No. Es el 01 - 415 - 3047.

**Presentador:** Perdone.

## Oficina

**Presentador:** Gracias.
Adiós.

# GRAMÁTICA

## 01 Cómo saludar y despedirse a distintas horas del día

Éstas son las expresiones usuales para saludar y despedirse:

| | | |
|---|---|---|
| **Good morning** | Buenos días | Se utiliza por la mañana hasta el mediodía. |
| **Good afternoon** | Buenas tardes | Se utiliza desde el mediodía hasta las cinco o las seis de la tarde. |
| **Good evening** | Buenas tardes | Se utiliza a partir de las cinco o las seis de la tarde. |
| **Good night** | Buenas noches | Se utiliza cuando uno se despide de los compañeros de trabajo al final de la jornada o cuando se va a dormir. |
| **Goodbye** | Adiós | Se utiliza como despedida a cualquier hora del día. **Goodbye** es bastante cortés. Se puede abreviar a '**Bye**' para despedirse de los amigos. |

Cuando se saluda, a cualquier hora del día o de la noche, a amigos o gente conocida se puede decir simplemente '**Hello**' ('Hola') o, más familiarmente, '**Hi!**'

## 02 Formas de dirigirse a la gente

**Mr**, **Mrs**, **Miss** (Sr., Sra., Srta.)

| | |
|---|---|
| **Mr** | para un hombre |

**Mr Black** Sr. Black

| | |
|---|---|
| **Mrs** | para una mujer casada |

**Mrs White** Sra. White

| | |
|---|---|
| **Miss** | para una mujer soltera |

**Miss Grey** Srta. Grey

En la actualidad es habitual, principalmente en relaciones de trabajo, dirigirse a las mujeres como **Ms**, en vez de **Mrs** o **Miss**. Este tratamiento no indica si están o no casadas.

**Good evening, Ms Brown.**

**Mr**, **Mrs**, **Miss** y **Ms** preceden al apellido. Por ejemplo, se dice '**Hello, Mr Green**' y no '**Hello, Mr**'.

En inglés británico no se suele añadir un punto después de **Mr** y **Mrs**. En inglés americano es común añadir el punto: **Mr.**, **Mrs.**

**sir/madam**

Como fórmula de cortesía, los empleados de tiendas, hoteles, restaurantes, etc. se dirigen con frecuencia a sus clientes utilizando los tratamientos **sir** y **madam**, que no van seguidos del apellido. Los clientes no utilizan **sir** y **madam**.

| | |
|---|---|
| **sir** | Cuando se dirigen a clientes masculinos. |
| **madam** | Cuando se dirigen a clientes femeninos. |

**Good evening, sir.**

**Goodbye, madam.**

## 03 Cómo presentarse

Para presentarse a alguien diga: **I am…** (**I'm**) + *nombre y apellido*

**Hello. I'm Tom White.** Hola, soy Tom White.

Para preguntar el nombre de alguien diga:

**What's your name?** ¿Cómo se llama?

**What's** = **What is**

Y para responder diga:

**My name's…** + *nombre y apellido*:

**My name's Jane Black.** Me llamo Jane Black.

**name's** = **name is**

## 04 Pronombres personales sujeto - singular

Los pronombres personales en singular que se utilizan como sujeto se presentan en la siguiente tabla:

| PRONOMBRES PERSONALES SUJETO | |
|---|---|
| **I** | yo |
| **you** | tú/Vd. |
| **he** | él |
| **she** | ella |
| **it** | él/ella/ello |

**I** El pronombre personal **I** siempre se escribe en mayúscula.

**you** En inglés sólo existe una forma, que significa tanto 'tú' como 'Vd.'.

**he** Para personas masculinas
**boy**, **man**, **Mr Smith** niño, hombre, Sr. Smith

**she** Para personas femeninas
**girl**, **woman**, **Mrs Robinson** niña, mujer, Sra. Robinson

**it** Para cosas y animales
**book**, **hotel**, **sun**, **moon**, **dog** libro, hotel, sol, luna, perro

## 05 El verbo 'be' - presente singular, forma afirmativa

El verbo **be** es equivalente a 'ser' y 'estar' en español.

| | SER | ESTAR |
|---|---|---|
| **I am** | yo soy | yo estoy |
| **you are** | tú eres/Vd. es | tú estás/Vd. está |
| **he is** | él es | él está |
| **she is** | ella es | ella está |
| **it is** | él/ella/ello es | él/ella/ello está |

Las contracciones son formas abreviadas que se utilizan con frecuencia en inglés. Para escribir las contracciones ponga un apóstrofe (') en el lugar de las letras suprimidas.

| | | |
|---|---|---|
| **I am** | = | **I'm** |
| **you are** | = | **you're** |
| **he is** | = | **he's** |
| **she is** | = | **she's** |
| **it is** | = | **it's** |

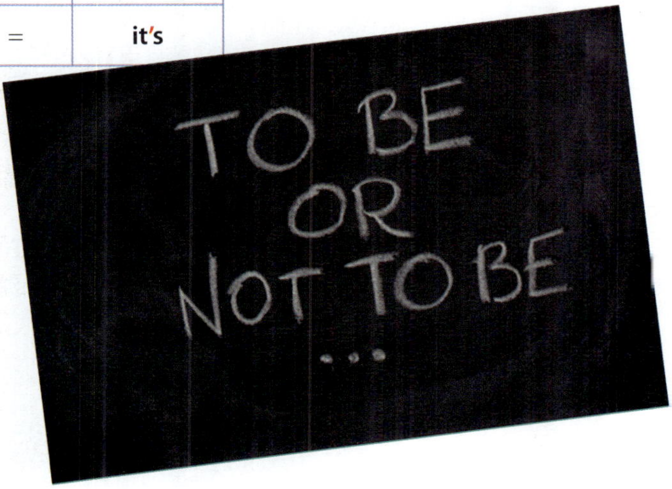

El verbo **be** se utiliza con los pronombres personales para hablar sobre personas y cosas:

| | |
|---|---|
| **You are Mr White.** | Vd. es el Sr. White. |
| **I'm Miss Jones.** | Yo soy la Srta. Jones. |
| **It is gold.** | Es oro. |
| **It's my dog.** | Es mi perro. |

En inglés, al contrario que en castellano, no se puede utilizar un verbo sin el sujeto (por ejemplo: **I**, **you**, **he**, **she**, **it**), ni siquiera cuando, debido a la terminación del verbo, el significado de la frase sea evidente. Por ejemplo, el pronombre nunca se omite en frases como:

| | |
|---|---|
| **I am John Green.** | Soy John Green. |
| **He is English.** | Es inglés. |
| **It is her cat.** | Es su gato. |

## 06 El verbo 'be' - presente singular, forma negativa

Para construir la forma negativa se añade **not** después del verbo:

| | | |
|---|---|---|
| **I am** | | yo no soy |
| **you are** | | tú no eres/Vd. no es |
| **he is** | **not** | él no es |
| **she is** | | ella no es |
| **it is** | | él/ella/ello no es |

Observe que hay formas alternativas en las contracciones utilizadas para la forma negativa:

| | | | | |
|---|---|---|---|---|
| **I am not** | = | **I'm not** | | |
| **you are not** | = | **you're not** | = | **you aren't** |
| **he is not** | = | **he's not** | = | **he isn't** |
| **she is not** | = | **she's not** | = | **she isn't** |
| **it is not** | = | **it's not** | = | **it isn't** |

| | | | |
|---|---|---|---|
| **I'm not Mr Fry.** | No soy el Sr. Fry. | | |
| **You're not French.** | = | **You aren't French.** | Tú/Vd. no eres/es francés. |
| **He's not here.** | = | **He isn't here.** | (Él) no está aquí. |
| **She's not his wife.** | = | **She isn't his wife.** | (Ella) no es su esposa. |
| **It's not my party.** | = | **It isn't my party.** | No es mi fiesta. |

Si, por ejemplo, quiere decir 'Sally es su mujer, no su novia' hay dos formas de hacerlo:

**Sally is his wife, she isn't his girlfriend.**

**Sally is his wife, she's not his girlfriend.**

## 07 El verbo 'be' - presente singular, forma interrogativa

Para formular preguntas invertir el orden del sujeto y el verbo:

| SUJETO + VERBO | → | VERBO + SUJETO | |
|---|---|---|---|
| **You are Bill.** | | **Are you Bill?** | ¿Eres Bill? |
| **She is English.** | → | **Is she English?** | ¿Es inglesa? |
| **It is your party.** | | **Is it your party?** | ¿Es tu/su fiesta? |

La palabra **or** (o) se utiliza con frecuencia en preguntas:

| | |
|---|---|
| **–Are you Tom Jones or John Jones?** | –¿Eres Tom Jones o John Jones? |
| **–I'm not Tom Jones, I'm John Jones.** | –No soy Tom Jones, soy John Jones. |
| **–Is he Italian or Spanish?** | –¿Es italiano o español? |
| **–He's Spanish.** | –Es español. |

## 08 El verbo 'be' - resumen del presente singular

| | |
|---|---|
| **FORMAS VERBALES:** | **am, are, is.** |
| **FORMA NEGATIVA:** | Añadir **not** después de verbo. |
| **FORMA INTERROGATIVA:** | Invertir el orden del sujeto y el verbo. |

La tabla siguiente presenta formas completas, sin contracciones:

| AFIRMATIVA | NEGATIVA | INTERROGATIVA |
|---|---|---|
| I am | I am not | Am I…? |
| you are | you are not | Are you…? |
| he is | he is not | Is he…? |
| she is | she is not | Is she…? |
| it is | it is not | Is it…? |

**I am Mr Jones.**
Yo soy el Sr. Jones.

**You are not Sally.**
Tú no eres Sally.
Vd. no es Sally.

**Is he Spanish?**
¿Es español?

## 09 Adjetivos posesivos - singular

Observe la fórmula para preguntar y contestar cuál es su nombre:

–**What's your name?** –¿Cómo te llamas?/¿Cómo se llama Vd.?

–**My name is Tracy Wood.** –Me llamo Tracy Wood.

En estas frases, las palabras **your** y **my** son adjetivos posesivos. La tabla siguiente muestra los pronombres personales sujeto que ya conoce y los adjetivos posesivos correspondientes:

| PRONOMBRE SUJETO | ADJETIVOS POSESIVOS |
|---|---|
| I | my |
| you | your |
| he | his |
| she | her |
| it | its |

Los adjetivos posesivos se anteponen al sustantivo para indicar a quién pertenece. Por ejemplo:

| | |
|---|---|
| **my house** | mi casa |
| **your book** | tu/su libro |
| **its tail** | su rabo |

Los adjetivos posesivos en inglés son invariables, es decir, la forma es la misma tanto si el sustantivo al que se refieren es masculino o femenino, singular o plural:

| | |
|---|---|
| **my father** | mi padre |
| **my mother** | mi madre |
| **your son** | tu hijo/su hijo |
| **your daughter** | tu hija/su hija |
| **its mother** | su madre (por ej., 'la madre de un perro') |

**your** Sólo hay una forma para **your** que corresponde a 'tu' y 'su' (de Vd.) en castellano:

**your name** tu/su nombre

**his** Se refiere a una persona del género masculino; por ejemplo, **his pen** o **his car** se refieren a un bolígrafo o a un coche que pertenecen a un hombre o a un niño.

**her** Se refiere a una persona del género femenino; por ejemplo, **her pen** o **her car** se refieren a un bolígrafo o a un coche que pertenecen a una mujer o a una niña.

**its** Se refiere a un objeto o animal; por ejemplo, **its door** podría referirse a la puerta de un coche y **its mother** podría referirse a la madre de un gato o un perro.

Si hay dos sustantivos, normalmente no es necesario repetir el adjetivo posesivo antes del segundo:

**her father and mother** su padre y su madre

## 10 'Respuestas cortas' con el verbo 'be'

En respuestas del tipo sí-no, en inglés se añade con frecuencia una expresión breve después de **yes** (sí) y **no** (no), que consiste en el pronombre correspondiente (**I**, **you**, **he**, **she**, etc.) y una repetición del verbo contenido en la pregunta. Estas respuestas en inglés se llaman 'short answers' (respuestas cortas).

Observe estos ejemplos, utilizando el verbo **be**:

### RESPUESTAS AFIRMATIVAS

| | |
|---|---|
| –**Are you Mrs Wilson?** | –¿Es Vd. la Sra. Wilson? |
| –**Yes, I am.** | –Sí (soy la Sra. Wilson). |
| –**Is she Spanish?** | –¿Es española? |
| –**Yes, she is.** | –Sí (es española). |
| –**Is it silver?** | –¿Es plata? |
| –**Yes, it is.** | –Sí (es plata). |

Observe que no se puede contraer un verbo cuando ocupa el último lugar de la frase. Por lo tanto, no se puede contraer una 'respuesta corta' afirmativa (por ejemplo, **Yes, I'm** es incorrecto).

## RESPUESTAS NEGATIVAS

| | |
|---|---|
| –**Are you English?** | –¿Eres inglés?/¿Es Vd. inglés? |
| –**No, I'm not.** | –No. |
| –**Is he Dave Clark?** | –¿Es Dave Clark? |
| –**No, he isn't.** | –No. |
| –**Is it his house?** | –¿Es su casa? |
| –**No, it isn't.** | –No. |

Estas respuestas se conocen como 'respuestas cortas' porque no repiten toda la información contenida en la pregunta. Por ejemplo, a la pregunta '**Are you Jane?**' no es necesario responder '**Yes, I am Jane**' o en su caso '**No, I'm not Jane**'.

## 11 'Excuse me' y 'sorry'

Utilice **excuse me** (disculpe) antes de pedir información o ayuda y cuando vaya a ocasionar alguna molestia.

Utilice **sorry** (perdone/lo siento) o **I'm sorry** cuando haya ocasionado alguna molestia.

| | |
|---|---|
| –**Excuse me. Are you Mr Black?** | –Perdone. ¿Es usted el Sr. Black? |
| –**No, I'm not. I'm Miss Grey.** | –No, no lo soy. Soy la Srta. Grey. |
| –**Oh, sorry!** | –Oh, perdone. |

También se dice **I'm sorry** cuando no se puede ayudar a alguien (por ejemplo, le preguntan por una dirección y no la conoce).

Los ingleses usan **sorry** o **I'm sorry** cuando tropiezan con alguien, dan un pisotón, etc., mientras que en la misma situación los norteamericanos utilizan **excuse me**.

## ⓬ Buena educación - 'please' y 'thank you'

En inglés es habitual utilizar muy frecuentemente **please** (por favor) y **thank you** (gracias).

Utilícelos de este modo:

| | |
|---|---|
| **please** | Cuando pida o pregunte algo. |
| **thank you** | Cuando le den o informen de algo. |

*Recepcionista:* **What's your name, please?**
*Cliente:* **Tom White. My name's Tom White.**
*Recepcionista:* **Thank you, sir.**

Para decir 'Muchas gracias' diga '**Thank you very much**'.

No hay ninguna fórmula de cortesía para responder cuando dicen '**Thank you**'. Sin embargo, los norteamericanos responden '**You're welcome**'.

## 13 Los números del 0 al 10

Estos son los números (**numbers**) del 0 al 10:

| | | | |
|---|---|---|---|
| 0 | **nought** (**zero** en inglés americano) | | |
| 1 | **one** | 6 | **six** |
| 2 | **two** | 7 | **seven** |
| 3 | **three** | 8 | **eight** |
| 4 | **four** | 9 | **nine** |
| 5 | **five** | 10 | **ten** |

## 14 Cómo se dicen los números de teléfono

Normalmente los números de teléfono se dan cifra a cifra:

**Is that two - four - seven - one - five - six - two?** 247 - 1562

En inglés británico el cero (0) se escribe **oh** y se pronuncia como la letra **o** (en inglés /ou/), y en inglés americano el cero es **zero**:

**Is that two - four - seven - oh - five - six - two?** 247 - 0562

**Is that two - four - seven - zero - five - six - two?** 247 - 0562

En inglés británico cuando se da un número de teléfono que tiene dos cifras consecutivas iguales, se utiliza la palabra **double** (doble). Sin embargo, en inglés norteamericano se dan los números duplicados cifra a cifra:

**double four - double five - six - double seven** 445 - 5677

**four - four - five - five - six - seven - seven** 445 - 5677

Y si se tienen tres cifras consecutivas iguales se utiliza double para las dos últimas:

**nine - two - three - double three - double eight** 923 - 3388

## 15 Cómo presentarse por teléfono

Para presentarse por teléfono se dice:

**This is...** + *nombre*

**This is Miss Chips.** Soy la Srta. Chips.

Para confirmar que se ha contactado con la persona o el número de teléfono que se desea se dice:

**Is that...** + *nombre o número*

**Is that Miss Chips?** ¿Es Vd. la Srta. Chips?
**Is that 25932?** ¿Es el 25932?

Para responder:

**This is...** + *nombre* **o** *número*

**Yes. This is Miss Chips.** Sí, soy la Srta. Chips.
**No. This is 25923.** No, éste es el 25923.

## 16 Contracciones con el verbo 'be' - resumen

Las contracciones son formas abreviadas que se utilizan con frecuencia en inglés hablado y en la escritura coloquial. Para escribir contracciones se pone un apóstrofe ( ' ) en el lugar de la/s letra/s que se suprimen. Ya hemos visto estas contracciones a continuación de los pronombres:

| | | | EL APÓSTROFE SUSTITUYE A |
|---|---|---|---|
| I am | = | I'm | a |
| you are | = | you're | |
| he is | = | he's | i |
| she is | = | she's | |
| it is | = | it's | |
| he is not | = | he's not | o |
| he is not | = | he isn't | |

Se utilizan con formas interrogativas, por ejemplo, **what** (qué):

| | | | |
|---|---|---|---|
| What is | = | What's | i |

Y a veces con sustantivos:

| | | | |
|---|---|---|---|
| My name is | = | My name's | i |

# What's your name?
## *¿Cómo te llamas?*

CD-ROM

**Practica tu pronunciación con el CD-ROM de esta unidad**

## 01 Escriba qué expresión utilizaría para saludar o despedirse.

**01** Se despide de sus hijos que van a dormir. 1-01

______________________________

**02** Se encuentra con un buen amigo en un café. (Muy informal.) 1-01

______________________________

**03** Su hijo sale de casa. (Muy informal.) 1-01

______________________________

**04** Ve a su antiguo profesor en el parque a las tres de la tarde. 1-01

______________________________

**05** Entra en un club nocturno. 1-01

______________________________

**06** Se marcha a la cama despidiéndose de su familia. 1-01

______________________________

**07** Contesta al teléfono al mediodía. Es su madre. 1-01

______________________________

**08** Está en su coche a las nueve de la mañana y un policía golpea ligeramente la ventanilla. 1-01

______________________________

## 02 Salude a estas personas.

**01 09:30**/El Sr. Thomas (su jefe). 1-01, 1-02

Good ________________, ________ Thomas.

**02 15:45**/La Sra. Tree (una cliente de su hotel). 1-01, 1-02

Good ________________, ________.

**03 21:30**/El Sr. Black (un cliente) entra en su restaurante. 1-01, 1-02

Good ________________, ________.

**04 13:15**/La Sra. Thomas (la esposa de su jefe). 1-01, 1-02

Good ________________,

________ ________________.

## 03 Complete estas frases, utilizando las frases completas como pistas.

**She is not Miss Black, she is Mrs White.**

**01** She ________' ________ Miss Black,

________' ________ Mrs White. 1-06, 1-05

**02** She's ________ ________________,

she isn't ________________ ________________. 1-02

**It is her car.**

**03** ____________ ' ________ her car. 1-05

**04** ________ isn't his ____________ or my ____________. 1-04, 1-09

**He's Ben Large, he isn't Len Barge.**

**05** ____________ name's Ben, it ____________ '

________ Len. 1-09, 1-06

**06** His name ____________ ' ________ Barge,

____________ ' ________ Large. 1-06, 1-05

## 04 Lea las frases y escriba las preguntas.

**01** It's your boat. 1-07

____________________________________________

**02** It's her house. 1-07

____________________________________________

**03** You're Swedish. 1-07

____________________________________________

**04** He's Mr Grey. 1-07

______________________________

**05** She's Ms White. 1-07

______________________________

## 05 Escriba las 'respuestas cortas'. Utilice contracciones cuando sea posible.

**01** Are you English? (NO) 1-10

______________________________

**02** Is Mr Tom White French? (NO) 1-10

______________________________

**03** Is she Ms Oxford? (SÍ) 1-10

______________________________

**04** Is she Mrs Sue Marks? (NO) 1-10

______________________________

**05** Is it her dictionary? (NO) 1-10

______________________________

**06** Is it your bicycle? (SÍ) 1-10

______________________________

**07** Are you Pamela Oaks? (SÍ) 1-10

______________________________________________

## 06 Rellene los espacios en blanco manteniendo el sentido de las frases.

**01** Hello. I'm Tom Hunt. 1-09, 1-03

Hello. ________ name's ____________ ____________.

**02** She's Jane Swan. 1-09, 1-03

________ name's ____________ ____________.

**03** You are Ms Baker. 1-09, 1-03

____________ name's ________ ________________.

**04** You're Mrs Taylor. 1-09, 1-03

____________ ____________'s ________

____________________.

**05** He is Ben Black. 1-09, 1-03

____________ ____________' ________ Ben Black.

**06** Her name's Sue Lee. 1-04, 1-05

____________ is ____________ ____________.

**07** It's Growler. It's her dog. 1-09, 1-05

________________ name's ________________ .

It ____________ her dog.

**08** Its name is Tabby. It is her cat. 1-04

____________'s ____________________ . ____________'s her cat.

## 07 Rellene los espacios vacíos con una de las palabras de cada pareja.

**I'm/my - you're/your - she's/her - he's/his - it's/its**

**01** ____________ name's Toby. I'm American. 1-09

**02** Excuse me, sir. What's ________________ name, please? 1-09

**03** She isn't Mrs Taylor. ________________ ' ________ Mrs Tyler. 1-05

**04** ____________ ' ________ her car. 1-05

**05** –Is it your cat? –Yes, it is. ________________ name is Snowy. 1-09

**06** ____________ ' ________ not American. He's English. 1-06

**07** –Are you Ms Jones? –No, ________ ' ________ not. 1-06

**08** –What's ________________ name? –Sally. Her name's Sally. 1-09

## 08 Traduzca al inglés. Utilice contracciones cuando sea posible.

**01** ¿Cómo te llamas? 1-03

**02** ¿Cómo se llama Vd., por favor? 1-03, 1-12

**03** su madre (de él) 1-09

**04** su padre (de él) 1-09

**05** su hermana (de ella) 1-09

**06** su hermano (de ella) 1-09

**07** mi esposa 1-09

**08** mi marido 1-09

**09** No es mi libro. 1-06

## 09 ¿Qué se debe usar en estas situaciones: 'Excuse me' o 'I'm sorry'?

**01** Pisa a alguien en una calle de Londres. 1-11

**02** Vd. es americano y tropieza con alguien en la Quinta Avenida de Nueva York. 1-11

**03** Se equivoca al pronunciar el nombre de alguien. 1-11

**04** Quiere que alguien abra la ventana en un tren. 1-11

**05** Cree que reconoce a un viejo amigo de la infancia en la calle. 1-11

**06** Alguien le pregunta dónde está la Quinta Avenida, pero Vd. no lo sabe. 1-11

## 10 Escriba en inglés los números siguientes.

**01** 0: ______ 1-13

**02** 0: USA ______ 1-13

**03** 9: ______ 1-13

**04** 1: ______ 1-13

**05** 8: ______ 1-13

**06** 2: ______ 1-13

**07** 7: ______ 1-13

**08** 3: ______ 1-13

**09** 6: ______ 1-13

**10** 4: ______ 1-13

**11 Pregunte si ha marcado el número correcto. Escriba los números en palabras.**

**01** 415 - 3627 1-14, 1-13

______

**02** 662 - 2300 1-14, 1-13

______

**03** 50 50 02 (0 = USA) 1-14, 1-13

______________________________________________

**04** 3 - 339 - 9988 1-13, 1-14

______________________________________________

**05** 477 - 1331 1-14, 1-13

______________________________________________

## 12 Por teléfono, diga quién es Vd. y asegúrese de con quién está hablando.

**01** Hello. ______________ ________ Mary. ________

______________ Roger? 1-15

**02** Hi! ______________ ________ Barbara. ________

______________ John? 1-15

**03** Hello. ______________ ________ Mr Thomas. ________

______________ Miss Airs? 1-15

**04** Hello. ______________ ________ Mrs Foster. ________

______________ Ms Hale? 1-15

**05** Hi! ______________ ________ Ken. ________

______________ Wendy? 1-15

**13 Asocie las respuestas con las preguntas.**

| | | | | | |
|---|---|---|---|---|---|
| **01** | Is it her motorbike? | **A** | No, she isn't. | **01** | |
| **02** | Are you French? | **B** | Ms Lucy Jones. | **02** | |
| **03** | Is he your brother? | **C** | Yes, it is. | **03** | |
| **04** | Is she your aunt? | **D** | Yes, he's my brother. | **04** | |
| **05** | Is he English? | **E** | Blackie. | **05** | |
| **06** | What's your name? | **F** | Yes, I am. | **06** | |
| **07** | What's its name? | **G** | No, he isn't. He's American. | **07** | |
| **08** | Is it your book? | **H** | No, he's Mr Blue. | **08** | |
| **09** | Is he Mr Brown? | **I** | No, it's not my book. | **09** | |
| **10** | Are you Jane? | **J** | No, I'm Jill. | **10** | |

# What's your name?

*¿Cómo te llamas?*

CD-ROM

**Realiza el Test de Evaluación en el CD-ROM de esta unidad y comprueba lo que has aprendido**

**01**

**01** Good night.
**02** Hi!
**03** Bye.
**04** Good afternoon.
**05** Good evening.
**06** Good night.
**07** Hello.
**08** Good morning.

**02**

**01** morning/Mr
**02** afternoon/madam
**03** evening/sir
**04** afternoon/Mrs Thomas

**03**

**01** isn't/she's
**02** Mrs White/Miss Black
**03** It's
**04** It/car/car
**05** His/isn't
**06** isn't/it's

**04**

**01** Is it your boat?
**02** Is it her house?
**03** Are you Swedish?
**04** Is he Mr Grey?
**05** Is she Ms White?

**05**

**01** No, I'm not.
**02** No, he isn't. (No, he's not.)
**03** Yes, she is.
**04** No, she isn't. (No, she's not.)
**05** No, it isn't. (No, it's not.)
**06** Yes, it is.
**07** Yes, I am.

**06**

**01** My/Tom Hunt
**02** Her/Jane Swan
**03** Your/Ms Baker
**04** Your name/Mrs Taylor
**05** His name's
**06** She/Sue Lee
**07** Its/Growler/is
**08** It/Tabby/It

**07**

**01** My
**02** your
**03** She's
**04** It's
**05** Its
**06** He's
**07** I'm
**08** her

**08**

**01** What's your name?

**02** What's your name, please?

**03** his mother

**04** his father

**05** her sister

**06** her brother

**07** my wife

**08** my husband

**09** It isn't my book. (It's not my book.)

**09**

**01** I'm sorry.

**02** Excuse me.

**03** I'm sorry.

**04** Excuse me.

**05** Excuse me.

**06** I'm sorry.

**10**

**01** nought

**02** zero

**03** nine

**04** one

**05** eight

**06** two

**07** seven

**08** three

**09** six

**10** four

**11**

**01** 'Is that four, one, five, three, six, two, seven?'

**02** 'Is that double six, double two, three, double oh?'

**03** 'Is that five, zero, five, zero zero, two?'

**04** 'Is that three, double three, nine, double nine, double eight?'

**05** 'Is that four, double seven, one, double three, one?'

**12**

**01** This is/Is that

**02** This is/Is that

**03** This is/Is that

**04** This is/Is that

**05** This is/Is that

**13**

**01** C

**02** F

**03** D

**04** A

**05** G

**06** B

**07** E

**08** I

**09** H

**10** J

# Unit 02

## How are you?

*¿Qué tal estás?*

# DIÁLOGOS

Diálogos también disponibles en el DVD de esta unidad

English

## Office

**Presenter:** Hello. I'm Francis Matthews and...

**Bill:** Hello, Francis.

**Presenter:** Excuse me. Hello, Bill. How are you?

**Bill:** I'm fine, thanks. How are you?

**Presenter:** Fine, thanks. Fine.

Hello, Jane. How are you?

**Jane:** Hello. I'm fine, thanks, Francis.

**Presenter:** Oh, Jane. This is Bill.

**Jane:** Hello, Bill.

**Bill:** Hello, Jane.

**Jane:** And this is my boyfriend, John.

**John:** Hello.

**Bill:** Hello, Mary. This is my girlfriend, Mary.

**Mary:** Hello.

Castellano

## Oficina

**Presentador:** Hola. Soy Francis Matthews y...

**Bill:** Hola, Francis.

**Presentador:** Disculpa. Hola, Bill. ¿Cómo estás?

**Bill:** Estoy bien, gracias. ¿Cómo estás?

**Presentador:** Bien, gracias. Bien.

Hola, Jane. ¿Cómo estás?

**Jane:** Hola. Estoy bien, gracias, Francis.

**Presentador:** Oh, Jane. Éste es Bill.

**Jane:** Hola, Bill.

**Bill:** Hola, Jane.

**Jane:** Y éste es John, mi novio.

**John:** Hola.

**Bill:** Hola, Mary. Esta es Mary, mi novia.

**Mary:** Hola.

## Art gallery

**Mr Robinson:** How do you do?

I'm George Robinson.

**Presenter:** How do you do, Mr Robinson?

I'm Francis Matthews.

**Mr Robinson:** And this is my wife.

**Presenter:** How do you do, Mrs Robinson?

**Mrs Robinson:** How do you do?

## Galería de arte

**Sr. Robinson:** ¿Cómo está Vd.?

Soy George Robinson.

**Presentador:** ¿Cómo está, Sr. Robinson?

Soy Francis Matthews.

**Sr. Robinson:** Y ésta es mi esposa.

**Presentador:** ¿Cómo está, Sra. Robinson?

**Sra. Robinson:** ¿Cómo está Vd.?

## Pub

**Barbara:** Hello, John.

**John:** Hello.

**John's friend:** Who's that?

**John:** That's Barbara.

**John's friend:** Is she your sister?

**John:** No. No, she isn't my sister.

**John's friend:** Oh! She's your girlfriend.

**John:** No.

**John's friend:** And who's that?

Is that Barbara's brother?

## Pub

**Barbara:** Hola, John.

**John:** Hola.

**El amigo de John:** ¿Quién es?

**John:** Es Bárbara.

**El amigo de John:** ¿Es tu hermana?

**John:** No. No es mi hermana.

**El amigo de John:** ¡Oh! Es tu novia.

**John:** No.

**El amigo de John:** ¿Y quién es él?

¿Es el hermano de Bárbara?

**John:** No, it isn't. It's her husband.

**John's friend:** Oh! Look! Is that Francis Matthews?

**John:** Yes, it is.

**John's friend:** Who's that? Is it his wife?

**John:** No, it's his girlfriend, Kathy.

## Looking at photographs

**Presenter:** That's my girlfriend, Kathy. Kathy Lewis.

And that's her father and mother, Mr and Mrs Lewis.

That's Kathy's brother, Ben Lewis. And that's her sister, Betty Brown. And that's Betty's husband,

Frank Brown. Frank is Betty's husband. And Betty is Frank's wife. And that's my girlfriend, Kathy Lewis.

**John:** No. Es su marido.

**El amigo de John:** Oh. ¡Mira! ¿Es ése Francis Matthews?

**John:** Sí, lo es.

**El amigo de John:** ¿Quién es ella? ¿Es su esposa?

**John:** No, es su novia, Kathy.

## Mirando fotos

**Presentador:** Ésta es mi novia, Kathy. Kathy Lewis.

Y estos son sus padres, el Sr. y la Sra. Lewis.

Éste es el hermano de Kathy, Ben Lewis. Y ésta es su hermana, Betty Brown. Y éste es el marido de Betty,

Frank Brown. Frank es el marido de Betty. Y Betty es la esposa de Frank. Y ésta es mi novia, Kathy Lewis.

## Telephone call

**Kathy:** Is that 998 - 7453?

**John:** Yes, it is.

**Kathy:** Is that Francis?

**John:** No. This is John.

**Kathy:** Oh! My name's Kathy Lewis.

**John:** How do you spell it, please?

**Kathy:** K - a - t - h - y L - e - w - i - s.

## Presenter's flat

**Presenter:** My girlfriend. That's my girlfriend.

**John:** Oh, yes!

**Presenter:** Yes. Kathy Lewis. Her name's Kathy Lewis.

And her address is 9 England Road, and her telephone number is...

**John:** 709 - 2435

**Presenter:** Yes. Kathy Lewis. My girlfriend.

## Llamada telefónica

**Kathy:** ¿Es el 998 - 7453?

**John:** Sí.

**Kathy:** ¿Eres Francis?

**John:** No. Soy John.

**Kathy:** ¡Oh! Me llamo Kathy Lewis.

**John:** ¿Cómo se escribe, por favor?

**Kathy:** K - a - t - h - y L - e - w - i - s.

## El piso del presentador

**Presentador:** Mi novia. Es mi novia.

**John:** ¡Sí!

**Presentador:** Sí. Kathy Lewis. Se llama Kathy Lewis.

Y su dirección es England Road, 9 y su número de teléfono es…

**John:** 709 - 2435

**Presentador:** Sí. Kathy Lewis. Mi novia.

BBC

## Kathy's home

**Father:** Your boyfriend?

**Kathy:** Yes. Francis Matthews.

**Father:** What's his address?

**Kathy:** 7 London Road.

**Father:** Hm, 7 London Road.

And what's his telephone number?

What's his telephone number?

## Office

**Presenter:** Oh. Excuse me. (on phone)

399 - 8411? Is that Kathy Lewis?

**Father's voice:** No. It's her father.

**Presenter:** Oh! Hello, Mr Lewis.

Goodbye.

## La casa de Kathy

**Padre:** ¿Tu novio?

**Kathy:** Sí. Francis Matthews.

**Padre:** ¿Cuál es su dirección?

**Kathy:** London Road, 7.

**Padre:** Hm, London Road, 7.

¿Y cuál es su número de teléfono?

¿Cuál es su número de teléfono?

## Oficina

**Presentador:** Oh. Disculpe. (por teléfono)

¿399 - 8411? ¿Es Vd. Kathy Lewis?

**La voz del padre:** No. Soy su padre.

**Presentador:** ¡Oh! Hola, Sr. Lewis.

Adiós.

# GRAMÁTICA

## 01 Cómo saludar

Una forma habitual de saludar es mediante una pregunta:

**How are you?** ¿Cómo está Vd.?/¿Cómo estás?

Este saludo puede hacerse a continuación de otros:

**Good morning. How are you?** Buenos días. ¿Cómo está Vd.?
**Hi John! How are you?** Hola, John. ¿Cómo estás?

Es una pregunta y por lo tanto requiere una respuesta. Una respuesta familiar habitual es:

**I'm fine, thanks.** Estoy bien, gracias.

o simplemente:

**Fine, thanks.** Bien, gracias.

Una respuesta más cortés es:

**Very well, thank you.** Muy bien, gracias.

Normalmente a la respuesta se añade una repetición de la pregunta '**How are you?**', que se abrevia, familiarmente, a '**And you?**' (¿Y Vd.?). En general, hay que utilizar más palabras cuanto más formal es la situación. Por ejemplo:

| INFORMAL | FORMAL |
|---|---|
| –Hello, Mary. How are you? | –Hello, Ms Lewis. How are you? |
| –Fine, thanks. And you? | –Very well, thank you. How are you? |
| –Fine, thanks. | –Very well, thank you. |

La expresión '**How do you do?**' es una manera más educada de saludar cuando se conoce a alguien por primera vez. Aunque es una pregunta, no se da una respuesta. Simplemente se repite el saludo:

Los norteamericanos, que tienden a ser menos formales que los ingleses, frecuentemente utilizan '**How are you?**' en vez de '**How do you do?**', incluso cuando conocen a alguien por primera vez.

Si no conoce a la otra persona, puede presentarse dando su nombre:

–**How do you do? I'm George Robinson.**

–**How do you do, Mr Robinson?**

O puede añadir el nombre de la otra persona:

–**How do you do, Mr Smith? I'm George Robinson.**

–**How do you do, Mr Robinson?**

## 02 Formas de dirigirse a la gente - revisión

Recuerde cómo se usan:

| | | |
|---|---|---|
| **Mr** | para un hombre | |
| | **Mr Brown** | Sr. Brown |
| **Mrs** | para una mujer casada | |
| | **Mrs Brown** | Sra. Brown |
| **Miss** | para una mujer soltera | |
| | **Miss Lewis** | Srta. Lewis |
| **Ms** | para una mujer soltera o casada | |
| | **Ms Green** | |

**Mr**, **Mrs**, **Miss** y **Ms** preceden siempre al apellido. Se dice '**How do you do, Mr Brown?**' y no '**How do you do, Mr?**'.

En el caso de un matrimonio, sólo se necesita decir el apellido una vez:

**That's Mr and Mrs Smith.** Son los Sres. Smith.

Recuerde que los empleados de tiendas, hoteles, restaurantes, etc. se dirigen frecuentemente a sus clientes como **sir** o **madam**, que no van seguidos del apellido, y que los clientes no utilizan **sir** y **madam**:

| | |
|---|---|
| **sir** | Cuando se dirigen a clientes masculinos. |
| **madam** | Cuando se dirigen a clientes femeninos. |

**How do you do, sir?**

**Goodbye, madam.**

## 03 Cómo presentar a otras personas

Para presentar a alguien se utiliza: **This is...** + *nombre*

**This is Ben.** Éste es Ben.

Puede añadirse algo más de información, por ejemplo:

| | |
|---|---|
| **This is my boyfriend, John.** | Éste es John, mi novio. |
| **This is my girlfriend, Jane.** | Ésta es Jane, mi novia. |
| **This is my wife, Betty.** | Ésta es Betty, mi esposa. |
| **This is my husband, Frank.** | Éste es Frank, mi esposo. |

**NOTA:**

**This is** no se puede contraer.

## 04 Cómo enterarse del nombre de una persona

Para preguntar quién es alguien (ya sea hombre o mujer), se usa con frecuencia la palabra **who** (quién):

**Who's that?** ¿Quién es? (ese hombre/esa mujer)

**Who's = Who is**

'**Who's that?**' sólo puede utilizarse cuando es posible señalar o referirse a la persona de alguna forma, ya que la palabra **that** lleva implícito el que la persona no se encuentre muy cerca. Se responde **That's...** o **It's...** seguido del nombre:

## THAT'S + *NOMBRE*

| | |
|---|---|
| –**Who's that?** | –¿Quién es? (esa mujer) |
| –**That's Barbara.** | –Es Bárbara. |

**That's = That is**

Se puede utilizar **it** refiriéndose a una persona cuando se pregunta o se dice quién es esa persona. En el siguiente ejemplo no se puede decir '**She's Barbara**':

## IT'S + *NOMBRE*

| | |
|---|---|
| –**Who's that?** | –¿Quién es? (esa mujer) |
| –**It's Barbara.** | –Es Bárbara. |

**It's = It is**

Cuando se cree que se conoce a alguien pero se desea confirmarlo, se pregunta:

## IS THAT… + *NOMBRE*

–**Is that John Green?** –Es (ése) John Green?

–**Yes, it's John Green.** –Sí, (ése) es John Green.

o negativa:

–**No, it's not John Green.** –No, (ése) no es John Green.

Sin embargo, no es necesario repetir el nombre en la contestación utilizando 'respuestas cortas' con **it:**

–**Is that Jane?** –¿Es (ésa) Jane?

–**Yes, it is.** –Sí.

o negativa:

–**No, it isn't.** –No.

**isn't = is not**

Como hemos visto para las 'respuestas cortas' negativas existen contracciones alternativas:

–**No, it's not.** –No.

**it's = it is**

Recuerde que no se puede contraer la 'respuesta corta' afirmativa '**Yes, it is**'.

## 05 'This' y 'That'

Las palabras **this** y **that** indican o se refieren a personas o cosas que están respectivamente 'aquí' o 'allí':

| | |
|---|---|
| **this** | Se utiliza para personas o cosas que se encuentran próximas al que habla (por ejemplo 'aquí': de pie a su lado, etc.). |
| | **Is this your coat?** (El que habla podría tener el abrigo en la mano.) |
| **that** | Se utiliza para personas o cosas que están más lejos (por ejemplo 'allí': al otro lado de la habitación, en la acera de enfrente, etc.). |
| | **Is that Jane Green?** (Jane Green podría estar pasando montada en una bicicleta.) |

Recuerde el uso de **this** y **that** cuando se quiere confirmar que se ha contactado telefónicamente con el número o la persona que se desea:

| | |
|---|---|
| **–Is that 21658?** | –¿Es ése (allí) el número 21658? |
| **–No, this is 21685.** | –No, éste (aquí) es el número 21685. |

## 06 La palabra 'it'

Mire estos ejemplos donde se utiliza el verbo **be**:

| | |
|---|---|
| **I am Jane.** | Soy Jane. |
| **You are Sam.** | Eres Sam. |
| **He is a man.** | Es un hombre. |
| **She is a woman.** | Es una mujer. |
| **It is a dog.** | Es un perro. |

A diferencia de los pronombres **he** (él) y **she** (ella), que se refieren a personas, el pronombre **it** (él/ella/ello) se refiere normalmente a animales o cosas.

## PARA REFERIRSE A PERSONAS

Aunque normalmente se refiere a animales y cosas, también se puede utilizar **it** cuando se pregunta o se dice quién es una persona, siempre que quede claro a quién nos referimos. Por ejemplo, en vez de decir '**Is she his wife?**', podemos preguntar '**Is it his wife?**'.

| | |
|---|---|
| **Who's that?** | ¿Quién es (ésa)? |
| **Is it his wife?** | ¿Es su esposa? |

En vez de preguntar '**Is he her husband?**', podemos decir '**Is it her husband?**'.

| | |
|---|---|
| **Who's that?** | ¿Quién es (ése)? |
| **Is it her husband?** | ¿Es su esposo? |

Y podemos usar **it** en vez de **he** y **she** para responder:

**No, it isn't. It's his girlfriend.** No. Es su novia.

**Yes, it's her husband.** Sí, es su esposo.

## EN 'RESPUESTAS CORTAS'

Se utiliza **it** en 'respuestas cortas' sustituyendo a las palabras **this** y **that**. Por ejemplo:

**–Is this your computer?** –¿Es tu ordenador?

**–No, it isn't. It's my television.** –No. Es mi televisor.

y nunca:

**–No, this isn't…**

**–Is that your daughter?** –¿Es su/tu hija?

**–Yes, it is.** –Sí.

y nunca:

**–Yes, that is.** o **Yes, she is.**

## PARA EVITAR LA REPETICIÓN DE SUSTANTIVOS

En inglés se utilizan con frecuencia los pronombres para sustituir nombres propios o sustantivos, siempre que no haya posibilidad de ambigüedad. Fíjese en este ejemplo:

| | |
|---|---|
| –**My name's Tracy Wood.** | –Me llamo Tracy Wood. |
| –**How do you spell Tracy Wood?** | –¿Cómo se deletrea Tracy Wood? |

Puesto que sabemos que estamos hablando de Tracy Wood, no necesitamos repetir el nombre en la pregunta. Podemos sustituir Tracy Wood por el pronombre **it**:

| | |
|---|---|
| –**My name's Tracy Wood.** | –Me llamo Tracy Wood. |
| –**How do you spell it?** | –¿Cómo se deletrea? |

## 07 Adjetivos posesivos en singular - revisión

Recuerde las expresiones utilizadas para preguntar y contestar cuál es su nombre:

–**What's your name?** –¿Cómo te llamas/se llama Vd?

–**My name is Tracy Wood.** –Me llamo Tracy Wood.

Las palabras **your** y **my** son adjetivos posesivos.

Fíjese en la tabla siguiente de pronombres personales y sus correspondientes adjetivos posesivos:

| PRONOMBRE SUJETO | ADJETIVOS POSESIVOS |
|---|---|
| I | my |
| you | your |
| he | his |
| she | her |
| it | its |

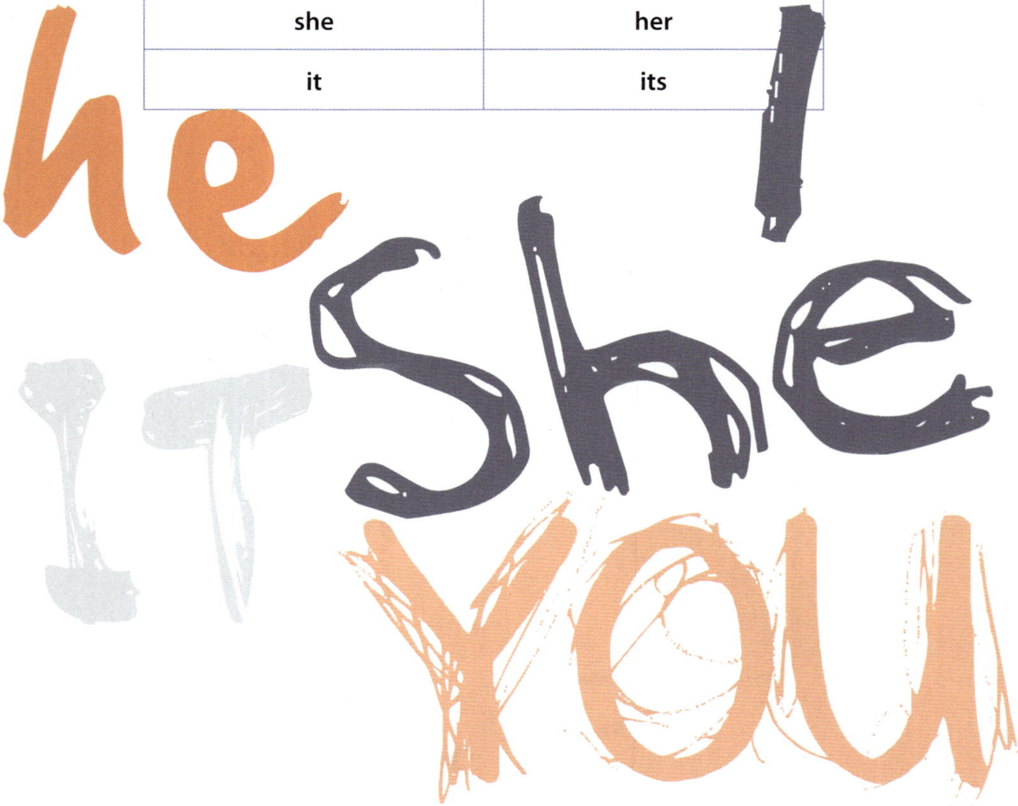

Los adjetivos posesivos se anteponen al sustantivo para indicar a quién pertenece. Por ejemplo, **my boyfriend** (mi novio), **his girlfriend** (su novia), etc.

Los adjetivos posesivos en inglés son invariables, es decir, la forma es la misma tanto si el sustantivo al que se refiere es masculino o femenino, singular o plural:

| | |
|---|---|
| **my father** | mi padre |
| **my mother** | mi madre |
| **your son** | tu hijo/su hijo |
| **your daughter** | tu hija/su hija |
| **its mother** | su madre (por ej., 'la madre de un perro') |

| | |
|---|---|
| **your** | Sólo hay una forma para **your** que corresponde a 'tu' y 'su' (de Vd.) en español.<br><br>**your name** tu nombre/su nombre |
| **his** | Se refiere a una persona del género masculino; por ejemplo, **his house** o **his bicycle** se refieren a una casa o a una bicicleta que pertenecen a un hombre o a un niño. |
| **her** | Se refiere a una persona del género femenino; por ejemplo, **her house** o **her bicycle** se refieren a una casa o una bicicleta que pertenecen a una mujer o a una niña. |
| **its** | Se refiere a un objeto o animal; por ejemplo, **its door** podría referirse a la puerta de un automóvil y **its mother** podría referirse a la madre de un gato o un perro. |

Si hay dos sustantivos, normalmente no es necesario repetir el adjetivo posesivo antes del segundo:

**That's her father and mother.** Son su padre y su madre.

## 08 El genitivo sajón ('s)

Para utilizar el nombre de una persona en lugar del adjetivo posesivo (**my**, **your**, **his**, **her**), se añade **'s** al nombre (por ejemplo, **Bill's**, **Tracy's**, etc.):

| | |
|---|---|
| **She is his girlfriend.** | Es su novia. |
| **She is Bill's girlfriend.** | Es la novia de Bill. |
| **He is her boyfriend.** | Es su novio. |
| **He is Tracy's boyfriend.** | Es el novio de Tracy. |

**John:**

| | |
|---|---|
| **Who's Ben?** | ¿Quién es Ben? |

**Tracy:**

| | |
|---|---|
| **Ben is my brother.** | Ben es mi hermano. |
| **Ben is her brother.** | Ben es su hermano. |
| **Ben is Tracy's brother.** | Ben es el hermano de Tracy. |
| **Tracy is his sister.** | Tracy es su hermana. |
| **Tracy is Ben's sister.** | Tracy es la hermana de Ben. |

Observe que sólo se coloca **'s** detrás del último nombre cuando hay más de uno, por ejemplo:

| | |
|---|---|
| **Tracy and Ben's mother.** | La madre de Tracy y Ben. |
| **Tom, Dick and Harry's friend.** | El amigo de Tom, Dick y Harry. |

## 09 Cómo evitar la repetición de nombres

Los pronombres personales **I**, **you**, **he**, **she**, **it**, se utilizan fundamentalmente para reemplazar nombres propios o sustantivos, siempre que quede explícito a quién o a qué se refieren. Por ejemplo:

| | |
|---|---|
| **That is Betty. Betty is Frank's wife.** | Ésa es Betty. Betty es la mujer de Frank. |

Puesto que sabemos que nos referimos a Betty, no hay necesidad de repetir su nombre en la segunda frase. Por lo tanto podemos sustituir el nombre propio **Betty** por el pronombre **she**:

| | |
|---|---|
| **That is Betty. She is Frank's wife.** | Ésa es Betty. Es la mujer de Frank. |

Fíjese en estos ejemplos en los que los adjetivos posesivos **her** y **his** se utilizan para evitar repeticiones:

| | |
|---|---|
| **–Is that Tracy Wood?** | –¿Es Tracy Wood? |
| **–No, it's Tracy Wood's mother.** | –No. Es la madre de Tracy Wood. |

En la respuesta no necesitamos repetir **Tracy Wood's** porque ya sabemos que nos referimos a ella; por lo tanto utilizamos **her** en su lugar:

| | |
|---|---|
| **–Is that Tracy Wood?** | –¿Es Tracy Wood? |
| **–No, it's her mother.** | –No. Es su madre. |

Un ejemplo más:

**His name's Bob Kent. Bob Kent's address is…**

**His name's Bob Kent. His address is…**

El pronombre **his** sustituye a **Bob Kent's** porque ya sabemos que estamos hablando de él. Este procedimiento de sustituir una palabra por otra para evitar repeticiones innecesarias se estudiará de nuevo más adelante.

## 10 Los miembros de la familia

Éstos son los miembros de una familia (**family**):

| | | |
|---|---|---|
| **husband** | esposo | cercanos |
| **wife** | esposa | |
| **father** | padre | |
| **mother** | madre | |
| **daughter** | hija | |
| **son** | hijo | |
| **brother** | hermano | |
| **sister** | hermana | |
| **aunt** | tía | lejanos |
| **uncle** | tío | |
| **grandmother** | abuela | |
| **grandfather** | abuelo | |
| **niece** | sobrina | |
| **nephew** | sobrino | |

## 11 El alfabeto inglés

Estas son las 26 letras del alfabeto inglés:

**Aa Bb Cc Dd Ee Ff Gg Hh Ii Jj Kk Ll Mm**

**Nn Oo Pp Qq Rr Ss Tt Uu Vv Ww Xx Yy Zz**

Se compone de:

| | |
|---|---|
| **5** vocales: | **a, e, i, o, u** |
| **21** consonantes: | **b, c, d, f, g, h, j, k, l, m, n, p, q, r, s, t, v, w, x, y, z** |

Recuerde la expresión que se utiliza para preguntar cómo se deletrea una palabra:

**How do you spell it?**

Si quiere que le deletreen una palabra o un nombre en particular, pregunte:

| | |
|---|---|
| **How do you spell 'alphabet'?** | ¿Cómo se deletrea 'alfabeto'? |
| **How do you spell 'Newman'?** | ¿Cómo se deletrea 'Newman'? |

## 12 Direcciones

Para enterarse de una dirección se utiliza **What…**:

**What's your address?** ¿Cuál es su/tu dirección?

**What's = What is**

**What's her address?** ¿Cuál es su dirección? (de ella)

En Gran Bretaña, las direcciones se escriben como sigue:

| | |
|---|---|
| Nombre | Mr John Green |
| Número, calle | 7 London Road |
| Ciudad | Wyford |
| Código Postal | WY3 5 PF |
| País | England |

## 13 Las palabras interrogativas 'how', 'who' y 'what'

Ya hemos visto cómo formular preguntas invirtiendo el orden del sujeto y el verbo:

**He is a ghost.** → **Is he a ghost?**
¿Es un fantasma?

A esta pregunta puede contestar sencillamente **yes** o **no** (o **Yes, he is.**/**No, he isn't**.)

Algunas preguntas requieren que las respuestas den más información (no simplemente **yes** o **no**). Estas preguntas comienzan con ciertas 'formas interrogativas'. Hasta ahora ya hemos utilizado las siguientes:

| | |
|---|---|
| **how** | cómo |
| **who** | quién |
| **what** | qué |

**How are you?** ¿Cómo está Vd.?

**How do you spell…?** ¿Cómo se deletrea…?

**Who's that?** ¿Quién es? (ese hombre/esa mujer)

**What's your name?** ¿Cómo te llamas/se llama?

**What's his address?** ¿Cuál es su dirección?

**What's her telephone number?** ¿Cuál es su número de teléfono?

## 14 Contracciones con el verbo 'be' - revisión

Recuerde que las contracciones son formas abreviadas que se utilizan con frecuencia en inglés hablado y en la escritura coloquial.

Para escribir contracciones se pone un apóstrofe (') en el lugar de la/s letra/s que se suprimen.

- a continuación de los pronombres:

| | | |
|---|---|---|
| I am | = | I'm |
| you are | = | you're |
| he is | = | he's |
| she is | = | she's |
| it is | = | it's |

| | | | | |
|---|---|---|---|---|
| I am not | = | I'm not | | |
| you are not | = | you're not | = | you aren't |
| he is not | = | he's not | = | he isn't |
| she is not | = | she's not | = | she isn't |
| it is not | = | it's not | = | it isn't |

- a continuación de formas interrogativas:

| | | |
|---|---|---|
| What is | = | What's |
| Who is | = | Who's |

- a continuación de sustantivos:

| | | |
|---|---|---|
| My name is | = | My name's |

- a continuación de la palabra **that**:

| | | |
|---|---|---|
| That is | = | That's |

**RECUERDE:** no se puede contraer:

**This is...**

ni un verbo al final de una frase. Por ejemplo:

**Yes, I am.**

**Yes, he is.**

# EJERCICIOS

**Practica tu pronunciación con el CD-ROM de esta unidad**

## 01 ¿Cómo respondería en estas situaciones?

**01** El amigo de un amigo pregunta: 'How are you?' 2-01

I'm ______________________ , thanks.

**02** Un amigo le saluda: 'Hello. How are you?' 2-01

______________________ , ____________________________ .

______________ are ______________ ?

**03** El empleado de una tienda dice: 'Good morning, sir.' 2-01

______________________ ____________________________________ .

**04** Un turista americano dice: 'Hi! How are you?' 2-01

______________________ , ____________________________________ .

And ______________________ ?

**05** El director de un hotel dice: 'Good afternoon, sir. How are you?' 2-01

Very ______________________ , ____________________________________ you.

**06** El director de su sucursal bancaria le dice: 'How do you do?' 2-01

______________________ ______________ ______________________ ______________?

**07** El Sr. Smith le presenta a su esposa. 2-01, 2-02

__________ __________ __________ do,

__________ Smith?

**08** Su amigo le presenta a Sara, su novia. 2-01

Hello, __________ . __________ __________

__________ ?

## 02 Presente a estas personas.

**01** Su novia, Mandy. 2-03

This __________ __________ __________ -

__________ , Mandy.

**02** Su amigo, Tony. 2-03

__________ __________ __________ friend,

__________ .

**03** Su prometida, Lily. 2-03

__________ __________ __________

__________ , Lily.

**04** Su jefe, el Sr. Thomas. 2-03

________ ______ ______ boss, Mr Thomas.

**05** Su vecina, la Sra. Parker. 2-03, 2-02

This ______ ______ __________ ,

______ Parker.

**06** Su secretaria, la Srta. (Ms) Edwards. 2-03, 2-02

________ is ______ secretary ,

______ __________ .

**07** Su abuelo, Mark Perry. 2-03, 2-10

________ ______ ______

____________ , Mark Perry.

## 03 ¿Qué diría en las siguientes situaciones?

**01** Desea saber el nombre de alguien que ha visto en TV. 2-04

______ ' ____ __________ ?

**02** Un amigo pregunta: 'Is that Mr Dee?' Conteste que no. 2-04, 2-06

______ , ______ __________ ' ______ .

**03** Un amigo pregunta: 'Is that your neighbour?' Conteste que sí. 2-04, 2-06

__________, __________ __________.

**04** Señale al hombre que va en bicicleta. Diga a su amigo que es Joe. 2-04, 2-05

__________' __________ __________.

**05** Señale a Di en la fiesta. Diga a alguien que es su novia. 2-04, 2-03

__________' __________ my __________-

__________, Di.

**06** Encuentra una llave y pregunta a un hombre si es suya. 2-05

__________ __________ __________ key?

## 04 ¿Quién es la persona que habla?

**01** Hello. This is my wife, Betty. 2-10

Betty's __________.

**02** Hi! This is my girl-friend, Sally. 2-08

__________' __________ boyfriend.

**03** Good evening. This is my daughter, Dolly. 2-10

Dolly's mother or __________.

**04** How do you do? This is my aunt, Daisy. 2-10

Daisy's nephew or ______________ .

**05** How do you do? That's my mother, Nadine. 2-08, 2-10

______________ ' ______ ______________ or daughter.

**06** Hi! That's my brother, Gus. 2-10

Gus's brother or ______________ .

**07** Good afternoon. This is my nephew, Bob. 2-08, 2-10

______________ ' ______ aunt or ______________ .

## 05 Sustituya los pronombres por 'it'. Utilice contracciones cuando sea posible.

**01** Who's that? Is she his wife? 2-06

Who's that? ______________

**02** Who's that? Is that Tony? 2-06

Who's that? ______________

**03** Who's that? Is he Bob Smith? 2-06

Who's that? ______________

**04** –Who's that? –She's my fiancée. 2-06

–Who's that? –________________________________________

**05** –Who's that? –He's my husband. 2-06

–Who's that? –________________________________________

**06** –Is that her husband? –No, he's her son. 2-06

–Is that her husband? –

________________________________________

**07** –Is that his daughter? –No, she's his niece. 2-06

–Is that his daughter? –

________________________________________

**08** –Is that your mother? –No, she isn't. She's my grandmother. 2-06

–Is that your mother?

–________________________________________

**09** –My name's Smirnoff. –How do you spell Smirnoff? 2-06

–My name's Smirnoff.

–________________________________________

**10** –Is that your cat? –Yes, that cat is my cat. 2-06

–Is that your cat? –________________________________________

## 06 Complete las respuestas, utilizando las palabras dadas como pistas.

**01** –Is this your house? **he/apartment** 2-07

–No, it isn't. It's ______ ______________.

**02** –Is that Bob's daughter? **Rob/sister** 2-08

–No, it isn't. It's ______'___ ______________.

**03** –Is that his mouse? **she/hamster** 2-07

–No, it isn't. It's ______ ______________.

**04** –Is that Mr Black's newspaper? **Mrs White/magazine** 2-08

–No, it isn't. It's ______ ______________'___

______________.

**05** –Is that her mother? **I/grandmother** 2-07

–No, it isn't. It's ______ ______________.

## 07 Traduzca al inglés.

**01** Al, Ben y el amigo de Candide. 2-08

______________________________

**02** Soy tu amigo. 2-14, 2-07

**03** Eres mi amigo. 2-14, 2-07

**04** su tía y su tío (de ella) 2-07, 2-10

**05** Es mi gato. 2-14, 2-07

**06** Su (**its**) nombre es Jaws. 2-07, 2-14

## 08 Reescriba las frases. Use pronombres en la 2ª frase para evitar repeticiones.

**01** That is Bill. Bill is Nel's husband. 2-09, 2-07

**02** This is Kate. Kate is Al's wife. 2-09, 2-07

**03** –Is that Jane Hull? –No, it's Jane Hull's mother. 2-09, 2-07

**04** –Is that Mr Bull? –No, it's Mr Bull's friend. 2-09, 2-07

**05** Her name is Candy. Candy's address is... 2-09, 2-07

**06** This is Sam. Sam is Joe's brother. 2-09, 2-07

**09 Escriba las preguntas correspondientes. Utilice contracciones cuando sea posible.**

**01** Quiere que le deletreen: neighbour. 2-11

**02** Alguien le dice su nombre. Vd. le pide que lo deletree. 2-11

**03** Desea conocer el número de teléfono de la persona con cuien está hablando. 2-13

**04** Desea enterarse de la dirección de la persona con cu en está hablando. 2-12

**10 Asocie estas situaciones con una pregunta o una afirmación.**

| | | | | | |
|---|---|---|---|---|---|
| **01** | Un hombre pasa circulando en bicicleta. | **A** | Is this Lily's cat? | **01** | |
| **02** | Una mujer pasa en un taxi. | **B** | Is this your dog? | **02** | |
| **03** | Lleva a un perro sujeto con una correa. | **C** | This is my wife, Mrs Rider. | **03** | |
| **04** | Señala al gato en el tejado. | **D** | Is that Mr Wheel? | **04** | |
| **05** | Tiene un gato en brazos. | **E** | Is that Lily's cat? | **05** | |
| **06** | Una mujer está de pie junto a Vd. | **F** | That's my daughter. | **06** | |
| **07** | Una niña de seis años pasa patinando. | **G** | Is that Mrs Rider? | **07** | |
| **07** | Dos jóvenes pasean cogidos de la mano. | **H** | This is my horse, Trigger. | **08** | |
| **09** | Tiene un bebé en brazos. | **I** | This is my son, Joe. | **09** | |
| **10** | Está sentado encima de un caballo. | **J** | That's Jack and his girlfriend, Jill. | **10** | |

## How are you?

*¿Qué tal estás?*

# Unit 02

# RESPUESTAS

CD-ROM

**Realiza el Test de Evaluación en el CD-ROM de esta unidad y comprueba lo que has aprendido**

**01**

**01** fine

**02** Fine, thanks. How/you

**03** Good morning.

**04** Fine, thanks./you

**05** well, thank

**06** How do you do?

**07** How do you/Mrs

**08** Sara. How are you?

**02**

**01** is my girl-friend

**02** This is my/Tony

**03** This is my fiancée

**04** This is my

**05** is my neighbour, Mrs

**06** This/my/Ms Edwards

**07** This is my grandfather

**03**

**01** Who's that?

**02** No/it isn't.

**03** Yes/it is.

**04** That's Joe.

**05** That's/girlfriend

**06** Is this your key?

**04**

**01** husband

**02** Sally's

**03** father

**04** niece

**05** Nadine's son

**06** sister

**07** Bob's uncle

**05**

**01** Is it his wife?

**02** Is it Tony?

**03** Is it Bob Smith?

**04** It's my fiancée.

**05** It's my husband

**06** No, it's her son.

**07** No, it's his niece

**08** No, it isn't. It's my grandmother.

**09** How do you spell it?

**10** Yes, it's my cat.

**06**

**01** his apartment

**02** Rob's sister

**03** her hamster

**04** Mrs White's magazine

**05** my grandmother

**06** Tony's pencil

**07**

**01** Al, Ben and Candide's friend

**02** I'm your friend. (I am your friend.)

**03** You're my friend. (You are my friend.)

**04** her aunt and uncle

**05** It's my cat.(It is my cat.)

**06** Its name's Jaws. (Its name is Jaws.)

**08**

**01** That is Bill. He is Nel's husband.

**02** This is Kate. She is Al's wife.

**03** Is that Jane Hull? –No, it's her mother.

**04** Is that Mr Bull? –No, it's his friend.

**05** Her name is Candy. Her address is...

**06** This is Sam. He is Joe's brother.

**09**

**01** How do you spell 'neighbour'?

**02** How do you spell it?

**03** What's your telephone number?

**04** What's your address?

**10**

**01** D

**02** G

**03** B

**04** E

**05** A

**06** C

**07** F

**08** J

**09** I

**10** H

# NOTAS